CÉSAR MÉLÉRA

# VERDUN

(*Juin-Juillet 1916*)

# La Montagne de Reims

(*Mai-Juin 1918*)

LES ÉDITIONS DE LA LUCARNE

En vente chez HUART

82, RUE DE ROME, 82

1925

# VERDUN

*(Juin-Juillet 1916)*

# La Montagne de Reims

*(Mai-Juin 1918)*

IL A ÉTÉ TIRÉ DE CET OUVRAGE :
200 EXEMPLAIRES SUR PUR FIL
LAFUMA NUMÉROTÉS DE 1 A 200

CÉSAR MÉLÉRA

# VERDUN

(*Juin-Juillet 1916*)

# La Montagne de Reims

(*Mai-Juin 1918*)

LES ÉDITIONS DE LA LUCARNE

En vente chez HUART

82, RUE DE ROME, 82

1925

LE SOUS-LIEUTENANT CÉSAR MÊLÉRA,

DE L'INFANTERIE COLONIALE,

NÉ A ATHIES-SOUS-LAON (AISNE) LE 14 JUILLET 1884,

MOBILISÉ LE 2 AOUT 1914,

COMBATTANT SUR L'YSER,

DANS L'ARTOIS,

A VERDUN,

EN CHAMPAGNE,

BLESSÉ GRIÈVEMENT A VERDUN LE 18 AOUT 1916,

TROIS FOIS CITÉ A L'ORDRE DU JOUR,

CHEVALIER DE LA LÉGION D'HONNEUR,

EST

MORT POUR LA FRANCE,

FRAPPÉ D'UNE BALLE AU CŒUR,

A BRIN (LORRAINE) LE 25 OCTOBRE 1918.

# VERDUN

*(Juin-Juillet 1916)*

## ORDRE AU GROUPEMENT LEBRUN

La brigade mixte, placée sous le commandement du colonel Savy, composée du 2e régiment de zouaves et du régiment colonial du Maroc, a reçu la plus belle mission que puisse envier une troupe française, celle d'aller au secours de compagnons d'armes qui font vaillamment leur devoir dans des circonstances tragiques.

Choisis dans l'héroïque armée de Verdun comme les plus dignes de la grandeur de cette mission, le 2e zouaves et le régiment colonial du Maroc, soutenus par une puissante artillerie, animés par la volonté inébranlable d'aller jusqu'au bout de leur tâche, aborderont l'ennemi avec leur magnifique élan accoutumé et ajouteront de nouveaux lauriers à ceux qui couvrent déjà leurs drapeaux.

Le pays saura leur prouver sa reconnaissance. Bonne chance et vive la France.

*Signé :* NIVELLE.

Bois Saint-Pierre, 6 juin 1916, matin.

Arrivés Bois Saint-Pierre dans l'après-midi d'hier. Complètement fourbus. Pluie. La terre glaise glisse et colle. Erré deux heures pour chercher l'emplacement du bivouac. Bivouaqué sous les arbres. Pluie. Mouillés, odeur de chiens. La fine fleur d'embusqués trouve des abris. Ceux qui se battent, à la porte.

Trouvé de braves territoriaux qui me donnent asile. Les hommes restent sous la tente. Beaucoup de toiles trouées, la pluie passe. Touché 1 kilogramme de paille par homme, bientôt enfoncé dans la boue. Le pain est trempé. Capotes trempées à sécher au petit bonheur.

Un homme de la 1re compagnie s'est suicidé. Un adjudant de zouaves m'appelle à 6 heures pour le reconnaître. L'autre, petite âme, fatigué de la guerre qu'il ne comprend ni ne voit, s'est couché dans un buisson. Il est étendu la cervelle vide. Fusil placé près de lui, il a poussé la gâchette et a résolu le sombre infini. Je l'ai regardé avec plus de pitié que de mépris ou de colère. Il me vole sa vie. La Patrie lui a-t-elle été douce? a-t-il trouvé une mère ou une marâtre? Deux hommes le gardent, baïonnette au canon, sous l'immense dôme de verdure. Vaut-il tant de soins? On va l'enterrer comme un chien. Et ceux qui ont fait leur devoir, qu'on n'enterre ni ne garde sur le champ de bataille ! Et cette odeur de paix et de vert au lieu de la pourriture et du tumulte ! Enfin, encore un embusqué de la mort.

10 heures.

Couru de droite et de gauche. Préparé tout à la section. Nous montons à la côte 304. L'esprit est toujours bon. Renseignements les plus contradictoires, comme toujours. Le canon tape, quoique le tumulte de la nuit se soit évanoui.

14 heures.

Contre-ordre. Nous filons au fort de Vaux. Discours à la bonne franquette du général de Salins s'adressant directement aux hommes. Le régiment de zouaves d'Oran, le meilleur de l'armée de Verdun, nous est adjoint pour former une brigade mixte :

« Votre vieille réputation vous a précédés. Le général Nivelle a demandé les deux meilleurs régiments de l'armée du Centre, vous avez été choisis. Il n'y a qu'un seul régiment de marsouins dans l'armée de Verdun ; il vous a suffi de paraître, vous vous montrerez dignes de votre drapeau. »

Il est plein d'émotion, simple, un peu chevrotant, mais net. Il retrace à petites phrases la défense de Vaux : « Il faut y aller, vous irez, c'est l'honneur de la Coloniale. »

Pas de protocole jusqu'ici, cela continue. On applaudit et on hurle. Mieux vaut une attaque que de la tranchée. Les esprits sont bons.

18 heures

On va partir.

19 heures, *en auto.*

Pris les autos un peu plus bas, près du Moulin. Défilé plein d'arrogance au milieu du 4e mixte de zouaves et du 8e tirailleurs, du

4e zouaves que nous abandonnons. Adieu à la 38e division. Nous avons été choisis entre toute l'armée de Verdun pour rétablir une situation désespérée.

De l'orgueil et de la rage à la fois chez beaucoup. Le balancement de l'auto endort. Vu en route des amas de munitions de tous calibres. Eternel tas de territoriaux le long des routes à casser des cailloux. Vu des quantités de biffins qui nous regardent ahuris passer en chantant. Ils ont l'air suffoqués. Rompus encore une fois.

7 juin, 6 heures du matin.

Réveillé depuis 1 heure par les poux. Sale horreur. Claqué, pas dormi. Débarqués hier au soir vers 8 heures en pleins champs près de Dugny. Bonne route, petite montée, descente douce. Passé la Meuse sur un pont de pilotis. Marche difficile, convois, artillerie. Pris une autre route sur la rive droite. De l'eau jusque par-dessus les chevilles. Route blanche. Les souliers s'emplissent petit à petit d'une boue crayeuse, les doigts ne peuvent plus bouger, le fusil glisse de l'épaule.

Chamaillé avec une autre compagnie pour le cantonnement. Pas le courage de me laver. En suis puni, pas pu dormir.

Nous faisons connaissance avec le 2e zouaves. Bonne impression.

10 heures.

Le drapeau. La musique marche. Cela va les dérouiller. Un peu de tabac ferait mieux mon affaire. Complètement à sec.

Houdanville. Tout évacué. Rien de bombardé. Canon qui gronde en sourdine, pas un seul avion. Une batterie de 75 descend amochée. De même un canon de 155. Trouvé un litre de vin.

16 heures.

Partons pour le fort de Tavannes dans la soirée. Touché 200 cartouches par homme, quatre jours de vivres dans les musettes, 8 grenades. On laisse les sacs. Le 1er et le 3e bataillon attaquent à 5 heures avec deux bataillons de zouaves. Un bataillon de zouaves et nous autres restons en réserve. Les zouaves à la Carrière, trois compagnies et demie de chez nous au tunnel du chemin de fer de Metz à Verdun. Je reste au fort de Tavannes avec le lieutenant Rusca comme garnison. Sales consignes. Nous montons pour huit jours et pas de ravitaillement. Biscuits et singe, ce n'est pas gai.

8 juin, 14 heures.

Tavannes. Partis d'Houdanville vers 8 heures. Laissons Belrupt sur la gauche. Pris une petite route au fond de la vallée. Suis en queue du bataillon pour ramasser les traînards. C'est toujours ma veine.

Fait la pause au fond d'un ravin. Mauvaise marche. Bois touffu et plein d'éclisses. Nuit noire, on trébuche. Sentier abrupt. La marche est infernale. La glaise glisse tellement et cela monte si dur que l'on marche autant sur les genoux que sur les pieds. Arrivé en nage sur le plateau de Souville où le bataillon attend la queue. Perdu la compagnie de mitrailleuses. Retrouvée après une demi-heure. Repartis par les sentiers sous bois en colonne par un dans la nuit noire. Obligé pour ne pas se perdre de tenir par la capote l'homme qui précède. Chute dans un trou. Arrivés dans une clairière. Fait halte, reperdu les mitrailleurs. Trois quarts d'heure d'arrêt. Fait route sur le champ de tir. Cette fois, tout le bataillon à la dérive. Passé devant des batteries qui vous arrachent les oreilles. Il semble que les flammes cherchent à vous lécher. Retrouvé la route de Tavannes. Chevaux morts des deux côtés, bagnoles éventrées. L'artillerie tape, le tir de barrage commence. Eu de la chance, traversé tout ce plateau sans casse. Obus boches et français passant sur nos têtes pour se chercher. Louis XVI lui-même n'eut pas une aussi belle voûte d'acier pour entrer à l'Hôtel de Ville.

Cheval mort, odeur de mort, de charognes, tout le long de cette route. Autos filant dare-dare avec des blessés.

Arrivés vers 4 heures. Logé dans le second bâtiment de la gaine centrale. Etendu comme une brute sur le ciment. Rien de chaud. Dormi un peu. Vers 10 heures secoué. Chabert a réussi à voler une marmite de soupe à un peloton de biffins du fort. Hurlements de sauvages, ça c'est bon.

16 heures.

Erré un peu dans le fort. Les bruits les plus contradictoires toujours, depuis le matin, les bruits les plus saugrenus. Les Boches bombardent le fort avec du 210.

18 heures.

Toujours rien de certain. Les blessés sont évacués par le tunnel et l'on ne sait ici que les bruits de seconde main. On dit même que l'attaque devient inutile, le fort de Vaux étant rendu depuis hier. Tous les chacals et les rats des batailles s'en donnent à cœur joie, pourtant la nuit n'est pas arrivée.

Vu les biffins du ...e... Qu'un homme en vaille un autre, c'est de la blague.

22 heures.

Les coureurs apportent des nouvelles. L'attaque est avortée. Plutôt grande chance que notre attaque fût prête. A l'instant où nous allions sortir, les Boches sortaient sur d'autres points. Fait peut-être unique dans cette guerre. Les deux infanteries fauchées par l'artillerie adverse, obligées de rentrer dans leurs lignes :

Le 1er bataillon arrive jusqu'à Vaux. Les Boches évacuent. Les nôtres sont obligés d'en faire autant. Les Boches reviennent. Le 8e s'avance jusque dans le bois à droite. Les Boches l'évacuent, les nôtres sont forcés d'en repartir à leur tour. Quant aux zouaves, situation identique. Plus rien à faire pour attaquer. L'infanterie allemande a encore diminué en qualité. Un tas de bonshommes quelconques soutenus par une artillerie fantastique.

La garnison de Vaux a capitulé. Il ne reste plus que des débris dans les bataillons d'attaque.

23 heures.

Des tas de connaissances en ont fini avec la souffrance ; d'autres commencent à la connaître.

9 juin, 10 heures.

Bombardement toute la nuit. Nous passons au matin dans le logement de la gaine centrale.

Il ne s'agit plus de parler d'attaque. Il faut tenir coûte que coûte, afin que les biffins préparent de nouvelles positions. Les pertes ont été formidables par suite de la coïncidence des deux attaques. Les Boches croyaient arriver du même coup à Tavannes.

Plus de tranchées entre Tavannes et Vaux, du moins il n'y en a jamais eu. Et la Chambre ! Et Herr et Pétain ! Oh ! Maurras que de baudruches et de pantins... et la paille et la poutre !

19 heures.

Passé dans la gaine centrale. Notre projet est avorté, mais il était secondaire auprès du projet boche. C'est même un succès que d'avoir ainsi arrêté ce dernier. Un bataillon de zouaves qui montait pour renforcer l'attaque a été pris sous le feu et presque anéanti. Un autre merveilleux ; je ne sais combien de fois à la baïonnette. Chez nous, on s'est fait tuer sur place. Le Boche ne bouge plus, il bombarde.

La 3e compagnie monte au delà du tunnel,

en réserve près du P. C. La 1re, la 2e et le 1er peloton de la 4e au tunnel.

Je reste avec le peloton Rusca comme garnison du fort. Consignes : Ne compter sur personne. Rester sur place. Le fort pris, défendre les locaux pied à pied, se réfugier dans les sous-sols et attendre en faisant tout le mal possible. Le sort de la garnison de Vaux nous attend. Avec nous une compagnie du 6e territorial et une cinquantaine de canonniers. C'est maigre. Enfin, c'est toujours assez.

22 heures.

Alerte. Reconnu à nouveau les postes de combat. Tout est sillonné d'éclairs. L'avalanche arrive. Fausse alerte. Estomac délabré, singe et biscuits, rien de chaud. Dégoûté, écœuré du chocolat. Pas de couvre-pied, une capote mouillée sur du ciment pendant deux jours. Enfin, vais avoir une planche moelleuse.

10 juin.

Sale nuit, obus. L'escarpe de la gorge est complètement démolie. Eboulement masquant le tir des canons de la canonnière. Travaillé à dégager jusqu'à 10 heures.

Dans la ligne, on tient. Obus, pertes. Clère revenu blessé. Dans l'après-midi, prévôt du fort. Ballades dans les souterrains pour trouver des fuyards. Réexpédiés sous escorte au grand jour.

14 heures.

Trouvé en dégageant un éboulis de 340 toute une provision de potages en boîtes et autres saletés. Heureusement, du sucre et du café. Confisqué ces deux derniers articles, donné le reste au fort. Remerciements, on ne savait pas que c'était là. Fait une noce de Gamache. Obus ; blessés, tués. L'observatoire par terre. Un cheval blessé a dégringolé dans la douve. Toujours les mêmes nouvelles de la ligne.

11 juin, matin.

Le bombardement ne cesse plus. Travaillé à l'aménagement intérieur du fort où rien n'est fait. Installé trois postes de mitrailleuses. Fourbu, passé une nuit blanche. Réveillé à 1 heure du matin pour aller dégager à deux kilomètres une voiture démolie avec deux chevaux morts et du matériel qui encombre la route. Tout siffle. Parti avec un sergent et trente territoriaux. Tous gens très polis. Ont le respect des obus et par crainte de se tromper saluent aussi bien les français que les boches. S'arrêtent tous les dix mètres à l'abri sous prétexte de nécessité urgente. Impatienté, les fais arrêter au milieu de la route en ligne sur deux rangs, fais faire un demi-tour au deuxième rang et leur commande de se soulager une fois pour toutes. Mis près de trois quarts d'heure pour arriver à la voiture ; dégagé, revenu en un quart d'heure. Pristi ! c'est encore la coloniale qui vaut le mieux. S'il n'y a pas de poigne, rien ne marche.

17 heures.

Pris un poste d'observation avec quinze hommes près de la route. Tas de consignes. Chabert blessé aussitôt. Fais rentrer mon monde.

18 heures.

Marqua blessé. Les 150 passent soulignés de 105, le pont va sauter, la pierraille retombe de partout. Boetti et Boschet relèvent toute la soirée. Trouvé au sous-sol 150 litres d'eau-de-vie. Prévenu le lieutenant et fait ample provision. Cela aussi inconnu. Trouvé de l'eau propre. Je me lave avec délices. Réveillé à minuit, gros convoi de blessés, cela dure près d'une heure.

12 juin, matin.

Réveillé à 6 heures par un 210 qui manque de tout flanquer par terre. Pas de casse. Obus, obus, obus, 150, 105, 210, c'est miracle que le pont ne soit pas atteint. Le cheval vit toujours dans la douve. Flanqué une balle dans la tête.

15 heures.

Marcou blessé.

16 heures.

Ayme blessé. Tout mon monde va y rester. Encore une heure et être relevé.

18 heures.

Relevés à 5 heures. Montons en première ligne avec la 1re à 8 heures. De la casse. Les hommes, nerveux, chantent un peu. Le moral est resté bon. Six hommes tués net par un obus dans la gaine centrale. Un chanteur comique, à côté, a un succès fou.

20 heures.

On va rentrer dans la fournaise. Calme absolu : il faut que les destinées s'accomplissent.

13 juin.

Parti hier au soir à 8 heures. Sorti par la caponnière centrale, descendu le ravin jusqu'au tunnel sous un barrage de 77. Toujours en queue de la compagnie. Ne pas souffrir un traînard. Retrouvé le 2e peloton à la sortie du tunnel avec le capitaine. Monté la côte jusqu'au plateau. Bruits aigus, éclatements de toutes parts. Ce fut un bois, mais il n'y en a plus. Pas de boyau, des trous de marmites.

Marche lente. Des morts déjà raides, des blessés qui descendent et surtout que l'on descend. Encombrement, couché à plat ventre avec Boetti dans un trou. Une idée soudaine : je me mets dans le trou d'à côté. Boetti me suit. Un 105 tombe dans celui quitté cinq secondes auparavant. Molletières toutes cisaillées, capote trouée, la peau n'a rien. Quelques écorchures aux mains. Etchgarray blessé. Continué un quart d'heure sur le plateau. Blessés qui râlent pour de l'eau. Impossible : deux litres pour quatre jours. Des morts à moitié enfouis d'eux-mêmes dans la boue. On n'a pas le temps d'enterrer, à peine celui d'enlever les blessés. Franchi la vallée de la Mort avec bonheur. Quelques arbres débranchés encore debout. Odeur de charnier. Laissons le 1er peloton à droite, allons à gauche. Arrêt. Fais passer demander ordres. Rien, les hommes terrés sous les obus. Attends dix minutes. Y vais. Faire commencer une tranchée descendant vers la vallée de la Mort. Travaillé comme des enragés. Pas de casse. Pris la veille. Gayol tué d'une balle au cœur : il a de la chance.

A minuit travail fini. Hommes fourbus mais enterrés jusqu'au cou. Fièvre. A 1 heure tir de barrage qui dure trois quarts d'heure. Suis installé au bas de la pente à la gauche. Pas un mètre sans lueur d'éclatement. Un 137 autrichien s'obstine à taper un peu en avant, un peu en arrière de moi : je pense à cette chambre de cauchemar d'Edgar Poë dont les murs se resserrent les uns sur les autres, un puits au centre. Cauchemar. La chair est faible, mais le cœur est ferme. Puis la sérénité vient. Le destin s'accomplira. Tous les miens me passent devant les yeux, ils sont à moi, ceux qui me sont chers, et à moi éternellement.

Paix une heure. Le tir recommence. Le 137 revient ; je l'entends au loin entre tous avec son bruit de train sur un rail rouillé. La chair tremble, mais le cœur pas. Marc-Aurèle a raison contre Platon.

La nuit de cauchemar est passée. Peut-être pas un mètre qui n'ait été labouré. Pas un brin d'herbe, pas un fétu de bois. C'est la désolation sous la pluie qui coule et vous transperce jusqu'à la moelle des os quand on a que son cœur pour vous tenir chaud et que les vêtements sont froids. Les hommes sont lamentables. Je leur donne le peu de tabac qui me reste. Les premiers en ont, les autres pas. C'est humain. Il est 2 heures après midi.

18 heures.

A peine dormi, à peine remis d'être et d'avoir été enterré. M'étais creusé un petit trou dans le bord de la tranchée où je dormais assis. Violente douleur dans le dos, réveil brusque, enterré jusqu'au cou par un 88 qui a tapé à peine un mètre derrière ma tête. Il faut rester comprimé près d'un quart d'heure avant qu'on puisse s'occuper de moi, on doit d'abord déterrer un homme couché à mes pieds au fond de la tranchée. Passé un quart d'heure horrible, ne pouvant savoir encore si j'étais au complet.

Foulures, c'est tout. Je retrouve le culot de l'obus sur mon ventre. Suis complètement idiot. On me répare mon trou. Plus de tabac. Je suce du tafia à petits coups. Bienheureuse trouvaille qui, elle aussi, sort saine et sauve de l'aventure.

A la nuit.

Obus toujours. Les tonneaux de choucroute éclatent un peu plus loin. La lune est nette, les arbres se découpent sur l'horizon comme de grands crucifiés. Les obus qui éclatent piquètent des pointes de feu dans le bleu noir de la nuit. A vous toutes deux. La nuit s'annonce mauvaise.

14 juin, 4 heures.

Toujours de même. Mitraille et mitraille, les effectifs fondent. Oh ! ce que j'envie ceux qui peuvent filer à la baïonnette au lieu de rester sur place à encaisser des obus. La course fouette le sang, aide le cœur à fonctionner et lui donne chaud. Toujours la pluie, boue grasse et fétide. Vrais paquets de boue, on ne reconnaît plus à deux mètres un zouave d'un colonial.

Fait enterrer Gayol la nuit. Il est déterré et cisaillé en deux par un obus. Les chacals tuent encore les morts, c'est mourir deux fois. Se battre d'homme à homme au lieu de se battre contre de la ferraille. La faillite de la guerre, la faillite de l'art militaire, l'usine ici encore tue l'art.

Le lieutenant partage son tabac avec moi, même pas refusé pour la forme, pas de honte à avoir.

Midi.

Je renforce la ligne avec ma section. Ma section ! Treize hommes !

13 heures.

Projet abandonné, la 3e moins éprouvée y va et je prends sa place. Soupir de soulagement. Là je serai derrière un talus, les obus à craindre seulement par devant. Il est vrai qu'ils frisent tous la crête pour aller tomber dans la vallée de la Mort et qu'on ne peut sortir la tête sans risquer de l'avoir emportée.

15 heures.

Je ferai casser B. à la prochaine occasion. L'envoie au poste d'observation. S'il s'en tire, tant mieux pour lui. N'importe comment il lui faudra s'y racheter.

La pluie cesse un peu. Avoir quelque chose de chaud dans le ventre. Plus d'eau-de-vie.

17 heures.

On ne sera pas relevé ce soir. Il faut tenir encore vingt-quatre heures, coûte que coûte. Les biffins travaillent en arrière à de nouvelles positions. Si cela continue, nous garderons les nôtres à perpétuité. Les hommes sont fourbus. Des tas de loques boueuses dans un cloaque.

22 heures.

Remplacé Giambiaggi.

15 juin, matin.

Nuit relativement calme. Au matin reçu une demi-section en renfort avec Pigeat. Les hommes vont pouvoir souffler. Plus qu'un caporal valide, l'autre fourbu. Giambiaggi vient d'être blessé. Chenevay blessé, Jourlin et Bouschet blessés cette nuit, plus de cadres. Schester blessé par une balle explosible en portant des ordres. Bovis disparu. Lieutenant Yves invalide. Etre relevé.

Midi.

Le bombardement continue. Il reste une pièce à la compagnie de mitrailleuses à ma gauche.

17 heures.

On sera relevé ce soir ou au cours de la nuit. J'ai tous les nerfs tendus et le corps courbaturé. Janil blessé à côté de moi. Plus d'eau à lui donner.

20 heures.

Soirée nerveuse. Les Boches craignent une attaque et nous aussi. Fais enterrer une quinzaine de morts et ramasser des armes. On est relevé, ces pauvres coureurs sont partis chercher les relèves. Sortir, sortir de cet enfer. Capitaine blessé.

Houdainville, 16 juin.

Arrivé sain et sauf. Comme je le prévoyais, soirée nerveuse. Des deux côtés on redoutait une attaque. Fusées rouges, fusées blanches et rouges, fusées vertes. Tirs de barrage réciproques, les avant-postes tiraillent. Eu peur de la casse durant la relève. Bien passé. Encore plus fiers d'être des marsouins. Un homme est un homme, mais coloniaux et marins nous avons spécialement bien trempé notre troupe. Relevé par le 132. Cadavres roides dans la vallée de la Mort. Blessés qui râlent. Sur la crête, rendu à moitié sourd par un obus qui n'a pas dû passer bien loin de mon crâne. Retardés par des brancardiers. Je fais laisser les armes des morts au tunnel. Si on les ramassait régulièrement, il n'y en aurait pas tant à traîner.

Tunnel, antichambre de l'enfer. Oh ! pauvre tunnel de Metz à Verdun franchi tant d'autres fois ! Immonde.

Deux ou trois mille hommes vivant là-dedans sans air, sans lumière, ambulances et troupes mélangées, satisfaisant à tous les besoins, même les plus intimes de la vie, dans ce long couloir. Chevaux, mulets entassés. Une boue fétide atteignant quelquefois la cheville, dégageant une odeur effroyable, un air lourd, opaque. Qui n'a vu des blessés râlant sur le champ de bataille, sans soins, buvant leur urine pour calmer la soif, et la vie des hommes sous le tunnel de Metz à Verdun, n'a rien vu de la guerre.

Verdun est terrible, pas plus que ne le fut Arras ou l'Yser en 1914, il est terrible en ce qu'on y est obligé de soutenir une guerre de rase campagne contre des moyens de forteresse ; il est terrible parce que l'homme s'y bat contre du matériel en ayant sensation de taper dans le vide ; il est terrible encore plus parce qu'il est impossible d'y manger, d'y avoir chaud et surtout d'y dormir.

Sorti du tunnel, remonté chercher des ordres. Trouvé personne. Rallié ce que je pus de la compagnie dans cette tour de Babel. Revenu seul avec une troupe lamentable : « casquée de fer, vêtue de glaise, trempée de sueur autant que d'eau ».

Partis du tunnel à 3 heures, nous sommes trois heures pour arriver à Houdainville, trois heures pour faire un peu plus de 5 kilomètres.

Là, plus de fourrier, plus de caporal fourrier. Je m'encaisse encore ces fonctions-là. Enfin, nous sommes maintenant à Nubécourt (Meuse), d'où nous sommes partis 215, il y a quinze jours et où nous sommes revenus 131. Verdun coûte cher. Nous y avons perdu environ 1.600 hommes.

## ORDRE N° 11

Tandis que les bataillons de zouaves et de tirailleurs s'engageaient sur la croupe 304 et y soutenaient victorieusement le choc de l'ennemi, le 9 juin, le régiment colonial était dirigé sur la rive droite de la Meuse dans le double but de délivrer le fort de Vaux et d'y arrêter les progrès menaçants de l'ennemi.

Il n'a pas été donné au régiment colonial d'arriver à temps pour remplir la première de ces missions ; lors du débouché des premiers éléments, le fort était déjà tombé. Par contre, sous l'habile et énergique direction du colonel Savy, commandant la brigade du Maroc, le régiment colonial a rempli avec un plein succès la mission de confiance qui lui avait été donnée, d'arrêter les progrès de l'ennemi.

Pendant sept jours, malgré une attaque de l'infanterie allemande, malgré la violence inouïe du bombardement, le régiment colonial n'a pas cédé un pouce de terrain.

Les pertes ont été lourdes, près de 50 % des effectifs, mais le sacrifice du régiment a été fécond en résultats. Grâce à lui, la brèche par laquelle l'ennemi cherchait à passer a été bouchée ; grâce à sa résistance indomptable l'ennemi a été définitivement arrêté sur cette partie de notre front, la plus menacée.

En cette circonstance, le régiment colonial du Maroc a ajouté une belle page au livre d'or de l'Infanterie coloniale, et le nom du fort de Vaux est venu s'ajouter à celui de Bazeille, si cher aux vieux marsouins.

Le général commandant la 38e division leur adresse toutes ses félicitations.

La 38e division unira dans une même pensée les morts glorieux de 304 et ceux du fort de Vaux ; elle saura les venger quand l'heure sera venue.

*Signé* : DE SALINS.

Jubécourt, 8 juillet 1916, midi.

Passé près de vingt jours à Nubécourt et à Jubécourt à nous réformer. Reçu des tas de pots à cirage. Gratté et regratté du papier et fait le désespoir de toute la bureaucratie régimentaire. Satisfait. Montons ce soir au bois de Bethelainville pour la côte 304. Toute la lyre verdunoise y passe. Effectif à 173 hommes tout compris. Quitté la 4e section que j'avais depuis janvier pour prendre le commandement de la 2e. Pas mauvaise. Giambiaggi est remplacé à la 3e par l'adjudant Thiébaud.

Bois de Béthelainville, 9 juillet

Arrivés au petit jour. Les hommes sont fatigués. Partis à minuit, sections échelonnées en colonnes par un. La marche de nuit dans toute son horreur. Pas d'à-coups, mais terre glissante.

Du bois il ne reste que les grands arbres ; des cimes majestueuses s'efforçant de cacher le sol dont la turpitude s'étale. Boue infecte. Un pied de vase qu'il faut enlever. Tranchées préparées de partout. Monté les guitounes après avoir fait métier d'égoutier.

10 juillet.

Passé la journée d'hier et la matinée à se préparer. Partons pour les tranchées de la Rascasse, côte 310, à 6 heures du soir.

11 juillet, matin.

Fait route sans encombres, à travers bois, jusqu'à la route de Montzéville parcourue en formation échelonnée. L'Allemand bombarde régulièrement le ravin de Montzéville. Odeur terrible de carcans morts qui prend à la gorge. Laissé Montzéville sur la droite. Boyau plein d'eau. Suivi le rebord jusqu'à la crête en avant d'Esnes. Le sac bride les épaules et les musettes coupent la poitrine. Une croix de feu arde au milieu de la sueur de la poitrine. Et l'on parle du chargement du légionnaire romain ! Pauvres humanistes ! La cervelle bout sous le casque.

Traversé Esne après la descente : pauvres, trois fois pauvres diables qui, pendant la ruée sur Verdun, le perdirent et le reprirent jusqu'à trois fois sans qu'aucun en parlât. Pauvres, qui eux « ont maintenu », 41e colonial du 304 qui ne broncha pas.

Remonté la crête d'Esnes et remplacé nos vieilles connaissances du 8e de tirailleurs à la Rascasse. Habituelles engueulades amicales. On est chez soi, là, au moins.

11, 12, 13, 14 juillet.

Monotonie de la réserve de secteur. On entend, on voit un peu, et beaucoup de travers. C'est de là que l'histoire se fait. Corvées habituelles. Mauvaises nouvelles de l'Est de 304. Naturellement les tirailleurs montent. et à nous ce soir.

14 juillet.

Il pleut ! Toutes les chances. Nous sommes en tranchées, le gouvernement ne nous fera largesse qu'à la relève. Pauvre quart de mousseux et cigare puros accompagné d'une boîte de petits pois où nage un morceau de jambon, combien d'entre nous les verront? C'est la fête de la Nation, et elle fait bien les choses. Mes bonshommes sont mieux. Ils ont su, je ne sais comment, que c'était mon anniversaire, et j'ai la surprise d'un don éblouissant : deux paquets de cigarettes, quatre boîtes d'allumettes et une pierre à briquet déposés dans mon poste pendant mon absence. Je les aurais embrassés tous pour peu que ce fût possible. Braves gens !

Nous partons à 9 heures.

15 juillet.

Toute la nuit debout. Les nouvelles n'étaient pas exagérées ; tous les postes avancés sont maintenant entre les mains des Boches. A nous de les réoccuper coûte que coûte. Ces postes commandent la vallée d'Esnes et les pentes sud du Mort-Homme où les positions deviendraient intenables.

Passé la nuit à réinstaller la tranchée et à reconnaître le terrain. Les Boches sont d'une audace que rien ne trouble. Il faut subir jusqu'à la danse de la nuit prochaine. Cela sent de plus en plus mauvais.

7 heures.

Le commandant vient de monter. Conseil. L'ordre impératif est de réoccuper les postes coûte que coûte la nuit prochaine. Le divisionnaire y attache une importance extraordinaire. Je le comprends. Reçu en renfort une demi-section de grenadiers, une demi-section de pionniers, une section de mitrailleuses. Ça va barder.

Le poste 1 sera attaqué à 3 heures par le lieutenant Yves avec le groupe franc, les grenadiers, les pionniers, et sera appuyé par la 3e section avec l'adjudant.

Le poste 3 sera enlevé par moi en coup de main avant minuit et installé : ou l'on gagnera six mètres à la sape mouvante.

Le poste 2 tombera par cela même.

8 heures.

Fait installer dans le parados de mon poste de commandement un créneau d'où l'on domine la tranchée allemande, de l'ex-Reboul en bas. Fait un carton pour passer mon énervement. Eu la satisfaction de voir cesser tout mouvement ; cela a dû bien porter. Des mouches vertes partout.

16 heures.

Dormi comme une brute dans mon trou. Nettoyé un Boche par mon créneau. Vaurs en a nettoyé un autre cet-après-midi. Mangé avec Jouenne.

21 heures.

Pris le service de nuit. La lune sera bonne. O soleil ! notre père à tous !

16 juillet, matin.

Repris les postes. Nuit d'horreur. Lieutenant Yves tué, Arnaud tué, une cinquantaine de tués et de blessés, dont 23 à la compagnie. Fade odeur de sang, les mouches vertes arrivent de partout. Enervement lassé, yeux de fièvre, pas faim. Irai visiter mon poste et le barrage, puis dormirai. On enterrera les cadavres à la nuit. Le dernier sommeil et l'avant-dernier peuvent voisiner. Gare à ce soir.

Midi.

Réveillé. Rapport. Etat des pertes. La paperasse ne perd pas ses droits. Pas faim. Bu un quart de tafia. De la pluie, l'eau monte. Proposé tous les morts et les blessés pour citation.

19 heures.

Sommeillé jusqu'à maintenant. Grenades à fusil et crapouillot toute la journée. Le Boche se venge. Les mouches vertes affluent. L'odeur devient plus épaisse.

22 heures.

Clair-obscur. Nuit trop calme, cela m'énerve. Flanqué quelques coups de trique de droite et de gauche pour calmer des énergumènes. Les noirs ne tiennent plus en place.

17 juillet, 6 heures du matin.

La leçon a porté. Le Boche est resté calme. Hommes rompus. Une nuit d'escarmouche, une nuit de bataille, une nuit de veille. Pas dormi. Pas faim. Esprit trop tendu. De l'eau ! Parti de nuit avec un homme. Reconnu la tranchée Kiefer. Pulvérisée par le dernier marmitage ou comblée par des éboulements. Des morts gonflés pas enterrés encore. Des membres ici et là.

Trempé jusqu'au ventre. Pas de ligne de repli possible. Essuyé quelques coups de fusil. Vengé par un nouveau carton avant de dormir.

14 heures.

Réveillé tout courbaturé, couché en chien de fusil. Tête lourde. Le calme de l'abrutissement est revenu. Paquet de boue. Hommes hâves.

Trente-six heures se sont passées depuis l'attaque, souvenir déjà confus. Il n'en reste qu'une impression d'horreur résignée. L'odeur des cadavres flotte dans l'air, des mouches vertes sont posées en paquets sur le sol. Cinquante cadavres sur cinquante mètres, on en trouvait un partout en enterrant nos morts. Pour combien de temps seront-ils en paix?

A Vaux, horreur passive ; ici, horreur agissante. Enlevé mon poste le 15, à 10 heures du soir, sans coup férir. Attaqué par surprise, fonçant franchement à la baïonnette sans lancer une grenade. Resté bête comme un renard pris par une poule : les Allemands, vu sa position, n'avaient même pas osé occuper ce poste. Bon commencement. Je fais réinstaller le poste d'où je vais pouvoir appuyer le mouvement.

A 11 heures, j'envoie Jouenne en reconnaissance avec une patrouille. Tâcher de savoir. Je vérifie tout à la section et à mes deux mitrailleuses. Le Boche peut venir.

A 11 h. 25, grenades échangées au poste 1. La patrouille du lieutenant Yves a éventé une attaque boche. Bruit grandissant, ils nous ont prévenus. Fusillade du diable à la 4e section ; les grenades claquent et claquent. Siècle d'angoisse : « En avant les coloniaux ! En avant les Marsouins ! »

A la lueur d'une fusée je vois Yves fonçant de l'avant. Sur la droite une avalanche file en hurlant : la contre-attaque a pu déboucher. Un immense Sénégalais, debout, magnifique, lance, relance des grenades et disparaît. Flottement. Les Boches reprennent le poste. Yves a été tué, ses deux sergents tués ou blessés.

Peux pas quitter mon poste. Le sang me bout. Tant pis, j'envoie Arnaud, mes quatre grenadiers. Reste seul, sans sergents.Jouenne a dû être tué durant sa patrouille, pas rentré. L'attaque recommence. Lieutenant Beurrier prend le commandement avec Arnaud.

Un hurlement :

« Des grenades, des grenades ! »

A Dieu vat ! j'envoie tout ce que je peux faire ramasser chez moi ; au plus pressé ! Lieutenant Beurrier réclame du renfort, j'envoie tout le disponible : il ne me reste que 7 hommes et 3 caporaux. Mon Dieu, que le Boche ne débouche pas ici !

Le barrage est réoccupé. Arnaud tué. Joffre tué. Bergé tué.

Une ligne de tirailleurs débouche à la crête, face à moi ; cela devait être. Mes mitrailleuses fonctionnent bien. J'ai eu raison. Cela claque, crépite ; les autres refluent, l'attaque de flanc a échoué. Me sens blême, l'eau dans le dos.

Une demi-section de renfort m'arrive. Soulagement. Les pionniers réussissent à organiser le terrain. Malakoff est à nous.

Je visite mon poste, y retrouve Jouenne. Je l'ai embrassé comme pas un. Le brave, quoique attaqué par une patrouille ennemie, est resté en observation jusqu'à ce que toute crainte d'extension d'attaque fût écartée. Si j'avais pu savoir cela ! Que d'inquiétudes en moins !

Répit jusqu'à 2 heures. Agents de liaison fourbus. Lacroix a galopé sur les parapets pour aller plus vite.Brave gosse de la classe 15.

A 2 heures cela recommence, mais l'attaque est brisée. Artillerie bonne.

Tout cela pour dix mètres de boyaux qui commandaient une crête ! Les fils de France sont encore là ! les fils de la vieille France des guerriers !

17 juillet, 18 heures.

Félicitations du divisionnaire pour toute la compagnie. Adjudant évacué. Labeau a été blessé, en brave. La pluie déterre les cadavres. Tout est sinistre, un calme effroyable. Les Boches ont dû subir des pertes formidables, ou alors, attention. Maintenant, le calme de Vaux me revient. Tous les noirs sont aguerris, on peut compter sur eux au moment du danger immédiat. Mais ils sont incapables de veiller ; les blancs trinquent pour la veille.

Je revois toujours le geste splendide d'Yves fonçant de l'avant. Mort debout, en brave, face à l'ennemi. Arnaud de même, rétablissant l'ordre à coups de crosse au moment dangereux.

Pauvres petits, le commandant va tâcher de les faire enterrer à l'arrière. Et dire qu'il faudra écrire à la femme d'Yves, à ses deux petits. Donné ses papiers à Jumère.

20 heures.

Ils continuent à tâcher de nous bombarder. Les obus passent et suivent la pente pour éclater dans le marais. Presque tout du 150. La leçon a dû être dure pour qu'ils emploient ce calibre-là. Enfin. Attendre. Encore quatre jours là-dedans et nous, nous garderons nos positions. Remplacé le lieutenant Beurrier au 1er peloton. Il va au barrage. Soubie et Tyran sont blessés après neuf mois de campagne pendant lesquels ils ne se sont pas séparés.

18 juillet, 6 h. 1/2.

Rompu. Nouvelle attaque. Repoussée rudement, ce fut à peine une esquisse, mais de grand style. Attaque du poste 1 et du front de la 4e section ; dure près d'une heure. Devant moi, à peine sortis, les Boches refluent en désordre derrière la crête, fauchée par la mitraille. Bons chefs de pièces. Tout est fini à minuit. Nerfs tendus toute la nuit ; attaque possible au petit jour. Les Boches sont systématiques. Pourtant, ici, ils n'insistent pas. Pu manger à 3 heures à peu près. Hommes rompus, ne tiennent debout que par miracle. L'effectif fond. Lieutenant Rusca se montre des plus affectueux avec moi. Lieutenant Beurrier remplacé au barrage par un lieutenant de la 3e compagnie, le lieutenant Pommier avec un peloton de chez lui. Le commandant monte. Tenons conseil tous quatre. Perplexes. Pertes. Téléphone. Serons relevés ce soir et irons à la tranchée d'Aix, plus calme. Les poitrines se dilatent.

14 heures.

Pu dormir. Réveillé par les mouches. Ces horreurs sont belles. Etre délivré de cette odeur fade qui étouffe.

15 heures.

Tir splendide du 75. Tape dans les postes boches à 20 mètres de nos lignes. Cela déchire les oreilles, pique le nez, c'est bien harmonieux. Quelle danse ! Les ripostes boches de 150 filent dans le marais comme de gros patapoufs pas pressés au milieu des éclatements rageurs du 75 dans leurs postes. Ça les matera, les oiseaux.

16 heures.

Les Boches raccourcissent leur tir et tapent dans leurs propres tranchées en même temps qu'une rafale de 75. Toute la négraille est enthousiasmée et hurle je ne sais quoi. L'œil brille, les dents aussi, au milieu des rires. Les

Boches en ont assez et leurs canons ferment leurs gueules.

20 heures.

Tranquilles depuis l'après-midi. Fait monter les sacs. Ma section reste la dernière. M'en fiche, on s'en va.

Tranchée d'Aix, 19 juillet.

Quitté le redan Kieffer à 11 heures du soir. Pas d'incidents. De l'eau jusqu'aux chevilles dans le boyau Prado. En place à minuit. Pris commandement des 2e et 3e sections. Lieutenant Beurrier 3e et 4e. Le lieutenant Rusca en brave commandant de compagnie descendu seulement le matin. Remplacés par la compagnie du capitaine Voge. Nuit tranquille, pu m'étendre comme un chat en m'étirant tant que je pouvais.

Les Boches n'ont pas bougé au redan Kieffer. Ici ils travaillent. Tranchées à 80 mètres. Têtes de sape boches poussées à 25 mètres des lignes jusque dans nos fils de fer. Ils préparent une attaque par flammes. Lu le communiqué, journaux gratis. Pristi !

17 h. 30.

Dormi douze heures de suite comme une bonne bête, sauf un arrêt d'un quart d'heure, réveillé par la faim.

20 juillet, matin.

Nuit calme. Quelques obus, quelques mines. Tirs de représailles ; les Boches sont matés. Pourtant, une fausse alerte à droite au 8e bataillon. Patrouille surprise, un aspirant tué et quatre ou cinq hommes. Le reste réussit à rentrer.

Ont travaillé toute la nuit. Envoyé deux postes aux écoutes. Pas entendu de bruit de ferraille ; leur attaque n'est pas prête. Escarmouché à la grenade pour les empêcher de travailler. Pas réussi. Ils ont pu faire 5 mètres de boyau parallèle à la sape 1, et 2 mètres de boyau perpendiculaire à la sape 2.

Envoyé Jouenne avec vingt hommes travailler au boyau d'arrière. Rien fait, autant dire : hommes rompus, gradés nerveux et fiévreux. Le petit Guiennat est bien. Relu le communiqué. Rejournaux gratis. Repristi ! Les haricots sont bons.

16 h. 30.

Reçu le rapport .Serons relevés ce soir vers 11 heures. Les membres redeviennent souples. Etre à demain matin. Serons relevés par des biffins du 204, stationnés à Tarascon, Miramas. On ne doit partir que sur quitus signé en bonne et due forme.

20 h, 30.

Tout est prêt. Sacs montés. Les hommes attendent. Envoyé les postes aux écoutes.

20 h. 35.

Alerte. Crainte d'attaque par gaz. Nuit claire. Quelques coups de fusil. La force n'a pas réussi avec nous ; sera-ce la puanteur?

Fausse alerte. O Vénus ! si tu pouvais voir le Mars allemand et sentir ses odeurs de vidange ! En tout cas, nous l'avons maté.

Bois de Béthelainville, 21 juillet.

Partis 175, revenus 143. A Vaux c'était 215, revenus 131. Là-bas nous avions maintenu ; ici nous avons maté. Mais aussi, quelle différence de moyens !

Je suis aussi rompu. Bu du café et du café, du café et du café chaud.

7 heures.

Relevés hier à 11 h. 1/2. Retour sans incidents. Pris à travers plaine au milieu des trous de marmites. Fait la pause au moulin d'Esnes. Une autre au tournant de la route de Montzéville. Passé le village en ruines, pris à travers bois accompagné par quelques obus. Pas de casse.

Quitté mes deux sections et repris mes fonctions provisoires de sergent-major : la haute direction des cuisines, des voitures, de mes cinquante kilos de paperasses. C'était beau ! Don Quichotte prenant la succession de Sancho Pança !

Voilà qui est bien ! L'odeur de la cuisine a flatté agréablement mon odorat.

Mes graillons restés à l'arrière, consciencieusement houspillés, je suis allé aux ordres. Partons à 8 heures, 15 kilomètres à pied. Autobus au Bois Saint-Pierre jusqu'à Contrisson près de Revigny. Fait charger les voitures qui viendront par la route avec le fourrier, et en route pour l'arrière ! C'est bon ça, Madame.

On couchera ce soir dans de la paille.

# LA MONTAGNE DE REIMS

*(Mai-Juin 1918)*

4 juin 1918, *Bouzy.*

Revenu d'hier à notre point de départ, encore brisé des fatigues des combats, chaud de leurs émotions et frais de souvenirs, je veux fixer tout cela avant que l'heure favorable ne s'envole.

J'ai remarqué que tout se déforme en quelques jours et que la folle du logis s'installe en maîtresse dès que les idées se coordonnent. La réflexion tue l'action.

Mais maintenant, le corps étant rompu, l'esprit est lucide ; la matière n'a pas encore repris possession de l'idée pour la raisonner. Les idées restent sous l'impression d'une belle chose ; ce fut « un beau travail », un art sanglant qui ne ressemblait en rien au charnier, à la pourriture de Verdun. Nous fûmes écrasés sous le nombre, non sans gloire, au lieu de l'être sous le matériel, sans gloire.

Partis 475, nous sommes 135 encore, tout compté, après la soupe ; mais notre sang, nos morts sont payés. Après Verdun, vainqueurs, nous restions des loques angoissées : ici, battus, nous sommes fatigués, mais pleins de confiance. Le flot monte, mais reflue en vagues sanglantes.

25 mai 1918, à Ville-en-Selve.

Depuis plusieurs jours, des tas de bruits circulent. Les Boches auraient rompu la Ve armée anglaise au Chemin des Dames. Cela nous paraît extraordinaire, des positions formidables que nous sommes payés pour connaître, les ayant tenues et conservées.

Le régiment de marche que devait fournir la division en cas d'avarie est formé : un bataillon du 7e, un du 23e. Le régiment de marche de la 2e D. I. C., est également constitué. Les 61e, 63e, 5e... B. T. S., enregimentés. Tout le reste doit être vrai. On nous sortirait de la droite de Reims pour nous engager sur la gauche. La situation doit certainement être critique pour qu'on nous étale ainsi en largeur. Il n'y a plus qu'un cordon jusqu'aux Monts.

Lieu du rassemblement du régiment : Ecueil; Commandant : lieutenant-colonel Jacobi.

Parti à 2 heures avec le campement, la colonne suit à 4 heures. Nous ne savons rien, pas de communiqué depuis trois jours. Itinéraire par Germaine, Sermiers, Chamery, Ecueil à travers les grands bois de la Montagne de Reims aux montées abruptes. Les arbres, fantastiques à travers la nuit claire, bercent étrangement notre anxiété de l'inconnu. La nuit est fraîche et repose les oreilles qui bourdonnent à la marche et aux bruits étranges des bois et de la vie sauvage.

Rien jusqu'à Cadran, il ne semble point que quelque chose se prépare, nous sommes perdus en notre solitude. Rien jusqu'à Ecueil, pas un convoi, pas un mouvement de troupe ; on ne sait rien nulle part. Où tout se prépare-t-il? sans qu'aucun des acteurs en sache rien? Eternelles marionnettes des guerres !

Fait le cantonnement sans hurlements, tout a sa case dès l'arrivée.

Le train-train de la vie recommence sous de nouveaux auspices.

25, 26, 27 à Écueil.

Pas de journaux, pas d'indiscrétions ; on ne sait rien. Pas de réfugiés.

Ordre à 15 heures. A 18 heures, départ du

régiment pour Châlons-sur-Vesle où de nouveaux ordres seront donnés. Caissons pleins, 150 cartouches par homme, vivres de réserve au complet. Un point, c'est tout. On ne sait rien de plus. Suppositions. Si c'est vrai que le Chemin des Dames est enfoncé, Châlons-sur-Vesle étant près de Muizon, tête de ligne Courlandon, Fismes, Soissons, donc : embarquement.

Itinéraire par Sacy où je fis une conférence il y a quelques jours sur la crise autrichienne et les Slaves. Quelle dérision ! Ville Domange. Ici nous apprenons par un convoi automobile la prise de Berry-au-Bac, de Craonne, de Beaurieux et la retraite anglaise. La Ve armée anglaise aurait fait des siennes. Du haut de la côte, nous voyons des lueurs d'incendie vers Fismes et Jonchery. Nous passons Jouy-les-Reims où l'on ne sait plus rien, ce sont des combattants qui s'y trouvent, et où l'on n'espère plus qu'en l'exagération des bruits.

En tout cas, adieu l'embarquement. Maintenant nous sommes fixés : nous sommes à pied d'œuvre et c'est là qu'on va se cogner.

L'anxiété disparaît, mais les cœurs se serrent. Vrigny. Lueurs d'incendies au nord et à l'ouest. Rien à l'est. Cela tient, ce sont les nôtres qui sont là. Puis, éclipse dans la nuit, plus de convois, et pas de paysans en fuite. Nous traversons la route de Reims à Soissons après avoir passé la Garenne-de-Gueux et nous descendons doucement vers la Vesle. Moulin de Compensée. Tout est calme, les ponts de bois sonnent étrangement aux talons. Châlons-sur-Vesle. On cantonne.

Nouvelles : cela va mal, c'est tout ce que l'on sait. Le chef de bataillon et les commandants de compagnie iront reconnaître les positions à 4 heures. Pas moyen de dormir. Il est 23 heures.

28 mai à Trigny.

Mauvaise idée. Alerte à 3 heures. On part. Départ à 4 heures. On ne sait rien de précis. Nous allons à Trigny, c'est tout. Immense colonne par un sur les bas-côtés d'une immense route plate où les arbres paraissent monter la garde tandis que leur enfilade semble se sauver à notre approche. Des avions boches volent de partout à faible hauteur. Pas un des nôtres, pas un coup de canon, pas de fusillade, rien. Le calme angoissant qui précède le danger et étreint l'âme prisonnière.

Le 3e zouaves a filé directement, lui, sans arrêt, sur Saint-Thierry et Hermonville.

Arrivée à Trigny à 5 heures. Arrêt. Les paysans ne savent rien, peu préparent leurs paquets. Ils hésitent, sauf un gosse de quatorze ans : « Oh ! moi, je ne vais pas travailler, les Boches seront ici ce soir ! » Paire de gifles.

5 h. 30. Ordres. Dispositif de marche d'approche, deux compagnies en échelon refusé vers la gauche par lignes de demi-sections, un peloton en colonne double vers la droite en soutien, un peloton en réserve à Trigny, une section de mitrailleuses en réserve, trois sections de mitrailleuses en colonnes. Fais transmettre ordres qui me laissent perplexe. Cela pue la bataille à plein nez et pas d'ennemis en vue, pas un coup de canon aux environs.

Par exemple, toujours des tas d'avions boches. Ligne de direction : ligne de crête comprise entre le Col de Trigny et la côte 204 à l'est de Prouilly.

Le chef de bataillon part en avant jusqu'au coude du col où je le rejoindrai dès que possible. P. C. B. à 6 h. 10 sur la route d'Hermonville. Les C. R. arrivent, puis le capitaine adjudant-major. Les compagnies sont en tirailleurs aux postes assignés. La ligne est mince, mince. Et toujours pas d'Anglais.

Vais aux nouvelles. Trouve des services anglais qui se retirent. Renseignements. C'est frais. Le front que nous occupons est tenu par une division qui se replie comme elle peut. C'est-à-dire que nous allons tenir à un bataillon la place d'un régiment anglais avec ce qu'on pourra ramasser de ce dernier.

A 8 h. 30 la fusillade commence à crépiter sur les pentes d'Hermonville et se rapproche rapidement. Les Anglais ont dû perdre toute leur artillerie et le Boche déplace la sienne. Et gare à nous, la nôtre n'est pas encore là. On sait !

Le commandant part. Comme nous retraversons notre ligne de bataille où les hommes creusent fébrilement leurs trous, l'artillerie ennemie — elle est donc arrivée — voit notre groupe et les obus radinent. Restons couchés à plat pendant un quart d'heure, puis chacun file isolément vers une ferme sur la croupe Notre-Dame-de-Trigny où le vieux va installer son P. C. Agents de liaison à travers les blés. Adieu les tranchées, elles sont loin maintenant ; c'est la rase campagne sans artillerie, à un contre cinq.

A 8 h. 45 la 9e compagnie est en contact sans avoir vu d'Anglais, sauf une section de mitrailleuses, mais elle a pu assurer sa liaison à droite avec des zouaves, des Anglais et des éléments isolés.

A 8 h. 50 la 11e compagnie arrête les débris d'une compagnie anglaise et assure sa liaison avec le reste du Leicester régiment à gauche. La ligne est rétablie.

A 8 h. 55 deux sections du London City recueillies et incorporées à la 9e compagnie ; nos mitrailleuses placées en flanquement sur les contre-pentes.

Le Boche peut venir.

A 9 heures, le Boche esquisse un mouvement offensif. Enrayé net. Les Anglais se sont repris et font dire qu'ils tiendront ce que nous tiendrons.

L'attaque refoulée, l'artillerie ennemie amorce une nouvelle préparation. La ligne commence à souffrir. La ferme, trop près des lignes, devient un nid à obus : les ordres et les renseignements ne pourront ni y parvenir ni en sortir. De plus, les parcours sont parallèles au front à moins de 300 mètres : les agents de liaison n'arriveront pas une fois sur deux.

Le commandant part au petit bois de sapins à contre-pente, juste au moment où Fô est blessé, Chiron à moitié assommé. L'arbre d'entrée de la ferme est coupé et je reçois la plus belle dégelée de coups de bâtons et de cailloux qu'on puisse recevoir. Des hurlements féminins sortent de la maison et comme je reste à la ferme jusqu'à ce que tous les agents de liaison du bataillon et des compagnies aient reçu les nouvelles instructions, je vais voir.

Les habitants — bon Dieu ! que fichaient-ils encore là? — se décident à partir : une vieille grand'mère affolée et ses deux petites filles de huit à dix ans traînent un baluchon et un panier, les obus claquent, des balles sifflent ; les têtes des petites blondes rentrent dans leurs épaules par saccades nerveuses, la vieille, en savates, est exsangue ; elles filent, traînant l'une, traînant l'autre, en remorquant leur baluchon, tandis qu'un vieux reste là, les bras croisés, au milieu de la cour, sans voir. Un obus claque, saluant la sortie de ces épaves par la porte de derrière. C'est fini, une puanteur dans la cour, il est donc tombé là, les petites sont sauvées. Le vieux reste, il veut voir sa ruine, il a quatre-vingt-douze ans, il est encore vert. Je le fais rentrer dans sa cave, il a un fusil et des cartouches dans l'escalier.

Tout cela a pris peut-être cinq minutes. Je me mets à l'abri dans une écurie d'où je puis voir. Mal à l'aise là-dedans — cela pue le fumier, et puis tout pourrait me tomber sur le crâne au train dont cela va — je file au dehors près d'un talus où je creuse un trou. Des blessés et des blessés arrivent avec la litanie angoissante des batailles : « Poste de secours?

poste de secours?... poste de secours? Renseignements... »

Un zouave blessé au pied, la veille, à Hermonville, s'est traîné jusqu'ici avec les Anglais ; il me raconte la prise d'Hermonville par les Boches et le tas de cadavres dont ils l'ont payée. Un adjudant anglais, resté dans l'écurie, se décide à venir me rejoindre. A peine est-il arrivé, l'écurie s'effondre.

La ligne est fixée maintenant, Anglais et Français pêle-mêle. La manœuvre a réussi, il n'y a plus qu'à tenir.

Je reste là près de trois heures à parler, à renseigner Leicester, London City, Dublin, à passer la nouvelle consigne et à ramasser les renseignements. Les Anglais sont là depuis quatre jours, sans ravitaillement, presque sans munitions, surpris par l'attaque, n'ayant plus d'espoir qu'en les Français. Hélas ! où est leur assurance d'il y a deux ou trois ans. L'expérience leur est venue : peut-être, après les louanges et les succès faciles. Enfin, bonne journée ! on a arrêté et les Anglais et les Boches.

A midi et demi, plus rien à faire, je sais

tout ce qu'il fallait apprendre et j'ai passé la consigne, l'Anglais aussi. Indifférents, nous partons, moi avec son homme et lui avec le mien pour les P. C. Je file vers le petit bois de sapins, fataliste, sans me soucier de ce qui ronronne et siffle dans l'air : une fois encore plein de cette résignation confiante qui m'a assuré tant de fois déjà.

De là-haut, je ne voyais que l'avant; à présent, je regarde vers l'arrière.

L'attaque boche a échoué, et maintenant, ces brutes flambent tout. Les deux blondinettes de la ferme et leur fuite éperdue me passent devant les yeux, tandis que je songe aux scènes qui doivent se dérouler dans tous ces villages.

Chenay est en feu, Merfy, Saint-Thierry et d'autres lieux flambent et des colonnes de fumée pointillées d'éclats surgissent à chaque nouvel obus. Les bois aussi flambent. L'herbe ne pousse plus où le Turc a posé le pied, mais elle flambe là, où le Boche va poser le sien. Progrès et kultur. Reims brûlait sous prétexte de canons; là, nous n'en avons pas dans ces petits villages.

Pas d'artillerie de chez nous, plus d'anglaise, rien qu'une batterie de 155 dans la plaine qui jusqu'au soir tape, tape tant qu'elle peut et que les servants feront sauter à la nuit.

Maintenant, rien jusqu'au soir. La leçon de ce matin fut bonne, mais le canon boche tonne et tonne. Nos pertes deviennent lourdes.

Pas d'avions de chez nous et les boches viennent nous mitrailler à 150 mètres. Audace. Cependant à 17 heures les Leicesters en flanquent un à terre.

Vers 18 heures, nouveaux ordres, toujours impératifs : il faut tenir coûte que coûte. Le commandant m'envoie au Colonel des Leicesters pour savoir ce qui se passe chez lui. Des munitions pour quelques heures encore, des hommes exténués. Même situation aux London. En revenant, passé près d'une section en soutien, des jeunes de dix-huit ans, rompus, affalés le long d'un talus. La mitrailleuse boche prend le couloir d'enfilade. Je m'arrête un instant auprès d'un officier qui, au cours d'un brin de conversation, me demande quelque chose à manger, à voix basse, comme un pauvre. Nous n'avons rien reçu depuis la veille et Dieu sait quand on recevra quelque chose ! Mais le ton et la mine me fendent le cœur, je lui donne un bout de pain de ma musette et la moitié d'un gobelet de vin : quatre jours sans manger !

A 21 heures ordres au T. C. du bataillon de venir à Châlons-sur-Vesle ravitailler en munitions et tandis que l'agent de liaison file, je le suis des yeux en sa course. Les villages brûlent, on ne voit plus de fumée, tout est rouge, rouge dans la nuit : la fleur rouge.

A 21 h. 45 les Leicesters étalent une attaque avec peine, les munitions vont manquer.

A 23 heures la pression s'accentue chez nous et les hommes commencent à manquer.

Minuit. Ordre de se replier par échelons sur la Vesle et d'en tenir les lignes coûte que coûte, encore une fois. Le but de la journée est atteint, les renforts arrivent du nord, paraît-il ; c'est gai, et au sud, tout flambe.

29 mai, la Vesle et la route 44.

Les munitions de mitrailleuses sont transportées à Trigny par l'aspirant Ingold de la 10e, puis le repli commence par échelons en débutant par la gauche, prise de colonne avec flanc gardes et arrière-gardes après Trigny.

Dès la sortie de Trigny, je prends la tête de la colonne avec l'adjudant-major. Arrivée sans encombre à Châlons-sur-Vesle qui n'a pas encore souffert. Fait la pause en compagnie de Bat d'Af qui arrivent de Courcy. Eux aussi se sont repliés, écrasés sous le nombre. Courcy est pris, mais payé. La ligne tient aux abords. Trouvé des zouaves. Saint-Thierry est pris et ils rompent en faisant payer le terrain.

Des balles se mettent à siffler, une mitrailleuse crépite sur la droite ; les Boches se sont aperçus du repli et talonnent sans grande ardeur. Si nous avions du monde ! Quel beau retour offensif ! La 9e est accrochée à droite et se dégage en faisant des prisonniers. La

11e et l'arrière-garde de la 10e refoulent l'ennemi.

Arrivé à 2 heures avec mes hommes au passage à niveau du Muizon. Coups de fusil sur la droite. L'adjudant-major repart en reconnaissance me donnant l'ordre de rallier deux mitrailleuses des territoriaux, puis de tenir le débouché de Compensée avec mes hommes et tous les isolés que je devrai ramasser, s'il s'en présente. Une pièce en batterie au débouché du pont de Bois, une en flanquement au Moulin, avant-postes de l'autre côté.

La fusillade se calme : elle venait du 3e zouaves qui couvre le repli de son bataillon et qui ne peut passer par son front. Renseignements. Un officier boche que j'interroge et qui ne dira rien. « Vous êtes des malins, vous, les Français. » C'est tout ce qu'on peut en tirer. Le travail a dû être bon.

2 h. 10. Alerte. Mouvements suspects sur cette maudite droite. C'est une fausse alerte, la 9e a rompu le contact, l'ennemi cherche. Puis la 10e, la 11e passent. C'est fini.

Relevé à 2 h. 30 par Charisson et ses deux pièces. L'ennemi a perdu le contact. Nous serons tranquilles jusqu'au jour : il ne s'aventurera pas de nuit dans les marais. Rejoint le commandant à la route 44.

11e compagnie, gare de Muizon à la route ; 9e compagnie, route et liaison avec le 22e ; un peloton 10e compagnie, voie de chemin de fer, un peloton route 44. M3 Compensée, M2 et M4 gare et voie ferrée, M1 route 44.

Tenir les débouchés de la Vesle coûte que coûte.

Nuit calme, pas un coup de fusil, pas de canon ennemi, le nôtre se replie toujours, paraît-il. Nous sommes trop peu nombreux pour le risquer ici ; pauvre diable de régiment qui tient le front d'une division. Les Anglais sont plus à gauche avec le 23e.

A 8 heures l'ennemi sort des bois par petits paquets déployés immédiatement en tirailleurs, puis débouche de Châlons-sur-Vesle par groupes d'infiltration le long de la route vers Compensée. Manœuvre prudente et bien menée. Demande d'artillerie. Rien. La mitrailleuse fixe l'ennemi dans la plaine pendant près d'une heure.

Avance d'isolés par le talus de la fausse

voie et de la route. L'artillerie française se déclanche tout de même et nous tape dans le dos près de vingt minutes malgré signaux sur signaux. Enfin, compris ! tir bien réglé à droite, un peu court à gauche, mais de bonne interdiction. Le train blindé de la gare saute.

Jusqu'au soir le Boche se terre sous un canon mal réglé. La mitrailleuse seule fonctionne bien.

Vers 16 heures le Boche a réussi à s'infiltrer jusqu'à la Vesle entre le 7e et le 22e, dans un des trop nombreux trous qu'on n'a pu garnir, faute de moyens et à 16 h. 30 il s'empare de la côte 100 d'où il est expulsé une heure après — en laissant des prisonniers — par une contre-attaque du 22e colonial à droite, appuyé d'éléments du 7e colonial à gauche (9e et 10e compagnies).

Le malheur, c'est qu'il a pris pied sur la rive gauche de la Vesle. La nuit arrive avec toutes ses anxiétés. Ventres vides, nous sommes réduits de moitié, menacés d'être enfoncés sans rémission, peut-être tournés à gauche et à droite.

L'ennemi ne montre toujours guère d'allant. D'après les prisonniers, nous aurions sur le front du régiment deux divisions, mais dont les pertes sévères ont dû calmer le mordant. Et sur la route sombre me jaillit comme un éclair d'espoir le mot de ce Boche de la veille : « Vous êtes des malins, vous, les Français ! » Ils doivent craindre un traquenard, tandis que nous, pauvres diables, nous nous contentons de ne faire que tout ce que nous pouvons pour tenir. Nos hommes sont admirables.

A 23 h. 10 la préparation d'artillerie devient formidable. Le Boche envoie jusqu'à du 210 contre un ennemi en rase campagne. L'attaque sera certainement dure. Tout le terrain entre la voie de chemin de fer et la route 44 est comme pilonné. Cette artillerie d'accompagnement d'infanterie est merveilleuse. Chez nous, rien, pas de canon. Ce concert infernal dure jusqu'à 4 heures du matin. Puis l'ennemi attaque en masses profondes ; on voit bien dans le petit jour.

A 5 h. 30 tout est submergé, il faut se replier devant le nombre ou être pris.

30 mai, côte 101.

Les arrière-gardes tiennent la route 44, puis l'orée de la Garenne de Gueux.

Tout a été tellement subit qu'il n'en reste qu'une vision et une senteur sanglantes.

Le vieux m'a fait laisser mes deux pièces hors d'usage, j'ai passé mes servants à une section et tandis que le repli était mené par l'adjudant-major, j'ai filé avec lui vers la côte 101 où nous pourrons peut-être encore résister.

Le commandant est brisé de fatigue, il ne voit plus. « Guidez la marche au mieux ». Il s'agit d'aller reconnaître et jalonner la côte 101.

Au lieu de filer directement, je fais un détour pour éviter un plateau battu par le canon et la mitrailleuse. Puis entre le piton et la croupe à l'est de Gueux, voici un léger angle mort qui nous permet d'arriver sans trop d'encombres.

Reconnu tout le terrain entre Thillois et Gueux. Trouvé une tranchée amorcée qui va enfin nous permettre de résister formidablement si nous avons encore assez de monde. Trouvé le 64e B. T. S. installé déjà à 550 mètres à droite de 101 et Thillois. Le 22e colonial croisé pendant la reconnaissance jalonne 800 mètres à droite de 101 et Gueux. Il ne nous reste qu'à boucher le trou. Avec quoi? C'est encore l'inconnu.

De la Garenne de Gueux et de la droite, débouchent des nôtres, serrés de très près par l'ennemi. Heureusement des mitrailleuses du 22e colonial déjà en position clouent les poursuivants sur place et permettent aux nôtres de se dégager.

A 6 h. 30 les débris du bataillon sont en place, et l'ennemi ne peut déboucher ni de la Garenne, ni de la route 44.

Le 22e accroché, fonce, rompt l'ennemi et revient avec 80 prisonniers que quelques pouilleux poussent dans la plaine. Les Boches ne tirent même plus sur eux.

La situation n'est pas drôle. Un effectif, d'environ 150 hommes, les isolés ralliés et une section du 23e.

De la 11e compagnie on retrouve 11 hommes, de la 9e 40 hommes qui se sont ralliés autour de leur adjudant. La CM3 est réduite à 6 pièces.

A Muizon la 11e compagnie, tournée et réduite à rien, a foncé dedans à la baïonnette, puis s'est évanouie dans une trouée sanglante. Capitaine de Morière tué magnifiquement, comme un fou. Lieutenant de Pontbriand en brave, calme à son habitude. Pendant ce, une compagnie du 21e pouvait se dégager et deux pièces de la M3.

La M3 où ce pauvre diable de Charisson m'avait remplacé à Compensée, a été prise après épuisement des munitions, cernée de cadavres.

La 9e compagnie s'est repliée en échelons, calme comme son capitaine Magny, qui a les deux genoux traversés par une balle à son arrivée à la côte 101 ; il ramène tout ce qui reste de son monde avec des prisonniers.

Et nous sommes là, sans rien dans le ventre, depuis le 27 au soir, pas d'eau, pas de munitions.

Jusqu'à 10 heures l'ennemi emploie son temps en approches, puis, à gros effectifs, il tente une attaque brusquée qui est brisée net. Des prisonniers restent entre nos mains et font Kamarad éperdument.

Des munitions arrivent par le 22e. Enfin ! Il était temps ! nous en étions presque à nos dernières cartouches.

Dans le tas j'attrape un des prisonniers, un Polonais. Celui-là parlera. Les autres filent à l'I. D.

— L'objectif de ce soir?

— Ligne Gueux-Thillois, puis Orme, côte 118 avant 18 heures.

— L'effectif?

— De Gueux à Thillois une division à huit bataillons.

— Le moral?

— Les hommes marchent par le cadre. Il y a trop de pertes.

Et soudain cet homme à tempérament de Slave, touché je ne sais pourquoi par mes gestes, par ma voix, devient hagard et se met à parler rapidement : « Les pertes... Les pertes !...

« Tués, tous tués. 54 tués dans ma compagnie pour aller de Compensée à la route 44. Hier, un bataillon par terre devant vous, il n'en reste rien, rien ; ah ! Sainte Vierge ! et ce matin des morts, et des morts, et des blessés qui criaient. Et les mitrailleuses qui fauchaient les hommes dans les blés !

« Je me suis laissé prendre ; tué pour tué, autant l'être tout de suite. Si l'on m'avait raté du premier coup, on m'aurait fini ici.

« Avec les Anglais. Ça allait... tous jeunes.

« Avec les Français alors? On croit aller où l'on veut, mais ils vous amènent sous leurs mitrailleuses. Ils tuent et quand on vient, ils sont partis et il faut encore une fois se faire tuer. Ils sont partout et nulle part ! »

Alors le mot du Boche de la veille me revient encore : « Les Français... vous êtes des malins. » S'ils savaient ce que nous sommes ! 150 ici et presque pas de munitions.

Quelques hommes ont pu trouver de l'eau, la vie coule dans le gosier. La saveur des herbes mâchées n'écœure plus.

Maintenant il n'y a plus de bataillon. J'ai le commandement depuis le chemin, un trait de la crête 101 jusqu'au 22e colonial. Cinquante hommes et deux pièces pour un front de près de 500 mètres ! Où sont les effectifs indispensables des guerres de tranchée !

Jusqu'à midi, rien, nous pouvons recevoir

des munitions par le 22e colonial, le dépôt de 118, notre T. C. ; c'est encore insuffisant pour résister longtemps. Enfin, on pourra toujours faire quelque chose avec cela.

De midi à 15 heures, cette infernale artillerie d'accompagnement commence son travail. Plus de 30 blessés, c'est formidable pour notre effectif. Deux tués seulement.

A 15 heures juste le Boche attaque. Il sort sur cinq vagues ; jamais je n'ai encore vu une masse d'attaque pareille. La première arrive à 30 mètres de nous par la surprise et est fauchée par deux mitrailleuses en flanquement qui se dévoilent au dernier moment et la mousqueterie. L'officier qui mène la bande passe et continue. J'ai ramassé un mousqueton et comme un automate je lui flanque une balle, il s'abat les deux bras étendus. Il m'a semblé entendre le sol claquer sous ses deux mains frappant à plat, lancées à toute volée par les deux bras.

Les quatre autres vagues refluent. Quelques coups de canon enfin nous aident. Ils viennent de la gauche, les obus passent au-dessus de nos têtes et vont travailler à droite près d'un ancien observatoire camouflé à 101.

C'est fini pour une heure, puis vers 17 heures nouvelle attaque, brisée en une demi-heure sous la mousqueterie. Un groupe essaie de se faufiler par un angle mort ; rien à commander pour le moment ; je reprends un mousqueton et je fais un carton.

Si le doigt qui presse sur la gâchette pouvait suivre la balle et entrer lui aussi dans le trou, ce serait bon.

Arrêt, c'est fini. Tous les Boches essaient de se replier un à un pour se reformer. Un soldat du 23e, recueilli le matin, Fraguet, en flanque seize à lui tout seul sur le sol et un mitrailleur, Perbos, douze. Puis une masse s'écroule sur moi et me laisse plein de sang et de cervelle ; un isolé du 21e est là, crâne ouvert, le sang giclant comme par un robinet d'un trou près de l'oreille. Je me retourne. Marty, une balle dans le ventre, pâle, essaye de se faire une ceinture avec ses deux mains. Un coup de fusil de je ne sais qui nettoie alors un Boche aplati derrière une touffe d'herbe à 30 mètres de nous. Ne pouvant se replier, il vendait sa peau. Ce sont de beaux soldats.

A 18 heures, attaque, molle heureusement, nous n'avons plus de munitions. Des pertes. Le 22e nous envoie un peu de munitions et un caisson de la mitrailleuse arrive avec des bandes. Il s'agit maintenant de tenir jusqu'à la nuit pleine. Nous serons relevés ! Relevés ! Oui, mais il faut d'abord tenir encore quatre heures, ou nous sommes perdus. Si nous rompons le contact en plein jour, un quart d'heure après, voyant combien peu nous sommes, *ils* sont à nos trousses comme des chiens à l'hallali, nous devrons quand même alors faire tête et être perdus. Tenir quatre heures.

Vers 19 h. 15 le Boche s'est infiltré entre la 10e compagnie et la 9e compagnie M1, dans un trou qu'on ne pouvait garder. Nous sommes percés, nous devons esquisser un mouvement de repli pour établir un crochet défensif vers la droite.

Le Boche le voit de suite et fonce. Il faut tenir comme cela et immobiliser une mitrailleuse pour flanquer la droite. Elle s'installe près du chemin de terre, prend sous son feu un groupe près du camouflage. Il ne se relève pas. Le lieutenant Baleyrat fait le tireur et un tireur hors ligne. Une pièce boche s'approche du camouflage et se met en batterie, mais les servants ne serviront pas car ils sont tous tués. Une balle nous tue le pourvoyeur qui tombe sur Baleyrat, celui-ci blessé aux mains, à la joue, plein de sang. D'autres servants les remplacent sans commandement, les braves gens, et ils interdiront tout mouvement boche vers la droite, jusqu'à la nuit et malgré tout.

Le 22e tient à gauche, mais plus loin Gueux est pris et Coulommes tenu tout juste par nous. Les Anglais, on ne sait pas. Nous sommes tournés à gauche. A 20 h. 15, les Boches ont pénétré sur la droite au 64e B. T. S. et on est sans nouvelles de la 9e compagnie et de la M1. Prisonniers? Tués?

A 21 heures le Boche n'a plus essayé de nous attaquer, mais il nous déborde à droite dans le trou qu'il y a entre nous et les Sénégalais. Le cœur pris, je le suis à ses fusées de jalonnement. Nous avons un angle de 40° pour sortir et l'on ne sait pas si Pargny est encore à nous.

La nuit arrive à grands pas, mais le Boche

aussi , qui sera là le premier? c'est l'angoissante question.

21 h. 30. Ordres préparatoires. Le reste de la 10e compagnie passera le chemin de terre à 22 heures. Ma M3 restera en place jusqu'à 20 h. 03, 15 pas entre les hommes faisant le coup de feu tous les 15 pas à chaque relève. Puis la mitrailleuse du 22e ouvrira le feu qui sera cessé à ce moment par la M3, laquelle se repliera. De cette façon le feu sera toujours égal sans discontinuité et permettra de tromper l'ennemi. Je reste avec les deux mitrailleuses, et dès que les 4 colonnes par 1 à 50 mètres d'intervalle seront formées, je devrai prendre la suite à 50 pas de distance et protéger le repli par des feux, si nécessaire. Arrière-garde, flancs-gardes de quelques hommes. Point de direction : le gros incendie vers le piton de Coulomme.

Tout put être exécuté sans encombres. Le feu cessa d'une seule seconde. Bond dans la plaine et évanouissement dans la nuit.

Chose surprenante : pas un feu de salve contre nous, pas le moindre tir de harcèlement par mitrailleuses. Aucun bon militaire n'eût négligé cela — ils devaient être démoralisés par les pertes.

Je restai avec les mitrailleuses jusqu'à la côte 118, puis tout danger écarté, je filai en tête de colonne. L'air me semblait bon, il avait une odeur exquise, puis je faisais bruire mes souliers dans les herbes et il me semblait voir partir toute cette pâte ensanglantée qui gantait ma jambe droite.

Puis je jetai ma vareuse qui sentait le sang et je marchai en bras de chemise, l'air frais chatouillant tous les poils de ma peau qui me paraissait trop étroite.

Nous marchions vers l'inconnu, mais le danger immédiat n'était plus là. Et puis on allait peut-être boire et dormir à loisir.

Qui allait nous remplacer là-bas? Comment reprendraient-ils le contact? Cela ne m'inquiétait plus. Nous revenions à une centaine, nous n'avions plus de munitions ; des monceaux de cadavres s'échelonnaient depuis Trigny jusqu'à 101 ; c'était maintenant l'affaire des autres.

Puis Pargny se dresse dans la nuit. Herviot part en reconnaissance par la gauche, moi par la droite. Territoriaux. Soulagement. L'aventure est finie.

Ordres. Nous sommes là en réserve jusqu'au matin. Le 1er Étranger va nous remplacer entre Gueux et Thillois, il arrive à marches forcées. Nous avons sauvé Reims et la montagne en nous sacrifiant. Le pivot de la bataille a tenu.

Tout cela m'indiffère pour le moment. On aurait bien pu monter du pain et du saucisson. Les hommes ont trouvé du vin blanc dans le village évacué. J'en bois la moitié d'une bouteille. Je crois bien que je suis ivre-mort. Tout tourne et je trouve le fossé de la route moelleux, puis, plus rien.

Le jour me réveille, mes hommes m'ont trouvé de la paille et un manteau. Les braves gas, je n'étais pas ivre hier soir.

31 mai. Retour à Ecueil.

Dans le petit jour nous ne faisons guère belle figure. Nous sommes là 120 peut-être, tant du 7e que du 23e et du 21e.

Le 22e s'est rallié, il est à droite. Toujours

pas de nouvelles de la 9e compagnie dont, paraît-il, une quarantaine d'hommes sous la conduite de l'adjudant Vinot seraient avec le 3e d'Afrique.

Pour le moment, nous sommes 83 du 3e bataillon.

De notre pauvre mitraille, il reste une pièce, les autres hors d'usage ou détruites sur place, faute de munitions pour s'en servir, puis de moyens de transport.

Des ordres viennent encore : le bataillon sera cité à l'armée et toutes récompenses demandées accordées.

Le sacrifice du régiment Jacobi a permis l'arrivée des renforts. Durant la nuit, le 1er Etranger a pu réoccuper les contre-pentes de la côte 101, un régiment d'Afrique vient de renforcer Thillois.

Le général demande que dans la citation soit inséré : « A sauvé la Montagne de Reims ».

Peut-être que si nous avions su que nous étions seuls, sans appui, sans rien derrière nous pendant quatre jours, nous n'aurions pas regardé si fermement en avant et que plus d'un regard angoissé se serait tourné vers l'arrière.

Pour le moment, avoir tenu en échec, à un régiment, près de trois divisions allemandes nous chaut peu, dans la fatigue. Rompus, nous allons à l'arrière et seule cette musique nous chante aux oreilles. Le bruit des caissons et du canon qui monte, de l'infanterie qui arrive et qui enfin monte, nous laisse presque indifférents, on va dormir, manger et boire.

Arrivé à Ecueil à 5 h. 45. Le 7e s'installe dans le bas du village, le 22e dans le haut. Retrouvé mon ancien cantonnement. Tout le monde, pris de panique, a filé, maisons vides dès les premiers obus.

Des tas de gens quelconques, durs aux soldats, sont sur les routes. Je repense avec acuité à cette femme de Chaumusy.

Lui, mon propriétaire, brave homme, est resté, nous donne tout ce que l'on veut, vin, poules, dindons et lapins, le lait de ses vaches. La guerre change de face, et les deux jours où nous restons là, patriarcal, il préside une table de quinze affamés assoiffés. C'est un vieux soldat qui a fait 70 et il vit, vit intensément.

1er juin.

Même vie, on se recherche. La 9e compagnie est retrouvée, elle était bien avec le 3e d'Afrique, quelques hommes avec le 21e.

A 15 heures départ pour Chémery, demandé au vieux combien je lui dois. Rien. « Et puis envoyez-moi les bidons de vos hommes pour les remplir. Si les Boches viennent, ils n'auront rien, et puis écrivez-nous de temps en temps ».

Bivouaqué à Chémery dans un verger. Arrivé à 22 heures. On part demain à 4 heures.

2 juin.

Retour de 35 hommes de la 9e. Départ pour Ville-en-Selve. Arrêt à Louvois.

3 juin.

Départ pour Bouzy où le bataillon va se reconstituer.

Effectif au départ : 475.
au retour : 135.

Tués 56.

Blessés 186.

Disparus 98 dont à peu près 40 tués, 40 blessés pris ; 18 pris valides.

6 juin.

Désigné pour la Réserve de personnel de l'Armée.

Parti le 7 de Germaine, arrivé le 8 à Bezonnes près Troyes (Aube).

## TYPES

*Cadet, agent de liaison,* 9e Cie, classe 17, gosse blond, imberbe, bonnes joues gonflées qui donnent envie à pincer.

Fait prisonnier à la route 44 en revenant de communiquer.

« Je revenais dans le bois, des Boches derrière moi, quand j'en vois tout à coup quatre par devant. Ben, je fais camarade, je ne pouvais pas faire autrement ! J'enlève mon équipement, tout le fourbi. Tout d'un coup voilà deux obus qui éclatent ; les Boches se couchent, moi je file dans un blé et ces salauds qui me tirent dessus. Alors je vois un bout de tranchée, je saute dedans. Il y avait là un vieux mousqueton rouillé. Je le ramasse et je remonte la tranchée quand je vois six Boches de dos. Moi, j'étais encore fichu et sans penser à rien je les mets en joue. Eux, y font kamarad ! Je prends un de leurs fusils et les voilà qui se mettent à trisser en gueulant comme des veaux. »

« Ça m'embêtait, j'en ai fait cadeau aux brancardiers de la 9e qui les ont emmenés à l'arrière. Moi, me voilà ».

(En pleine attaque de 101, vers 10 heures). Contrôlé au S. S.

*Gianni, agent de liaison,* 10e Cie : Même aventure. S'échappe à 12 heures et rejoint avec quatre Boches.

*Condominas,* 2e *classe,* 11e *Cie* : Pris à Muizon le 30, à 5 h. 30. Emmené à Châlons-sur-Vesle. Traverse toutes les lignes, rejoint le 30 à 9 heures au 23e Col.

*Herviot, sergent,* 10e *Cie* : A l'ambulance. En sort sans permission et rejoint le bataillon le 30 à 20 heures à la côte 101, après être resté une heure à 118, observant les mouvements boches pour pouvoir donner des renseignements qui furent précieux.

*Fraquet, agent de liaison du* 23e *Col* : A perdu sa compagnie à Muizon. S'est joint au

7e. A genoux sur le parapet deux heures durant a démoli tout ce qui essayait de sortir d'un léger angle mort. A bousillé ainsi seize Boches, tirant aussi calme qu'à l'exercice et signalant à ses voisins tout mouvement suspect. Le bras gauche cassé, a repris son fusil et a encore démoli un Boche qui essayait de passer (Côte 101).

*Perbos, mitrailleur :* Voisin de Fraquet. Douze Boches bousillés, puis est allé ravitailler une pièce sous le feu.

*Marty, téléphoniste :* Ses lignes rompues, s'est joint à des fantassins. A fait le coup de feu toute la journée. Blessé au ventre, s'est ramassé dans un coin et malgré la souffrance s'est mis à garnir des bandes de mitrailleuse. (Je l'ai fait emporter dans une toile de tente au moment du repli).

*Esquillot, fourrier,* 9e *Cie :* A ravitaillé sa compagnie en munitions à terrain découvert pour aller plus vite. Coupé de sa compagnie, a rallié des isolés et s'est joint au 3e d'Afrique.

N'est parti que ceux à qui il s'était joint fussent relevés.

*Marchier, sergent,* 9e *Cie* : Cerné avec sa section à Trigny, est remonté dans les lignes boches, a fait un détour de 2 kilomètres et cherché une fissure. A rejoint à Muizon, ramenant deux prisonniers et faisant tête avec des Anglais ramassés.

*Vinot, adjudant,* 9e *Cie* : Coupé du bataillon avec quarante hommes. S'est mis à la disposition du 3e d'Afrique et est resté en ligne son bataillon relevé, sa présence étant utile au 3e d'Afrique.

*Ingold, aspirant,* 10 *Cie* : Les reins touchés, la poitrine traversée par une balle, ne s'est laissé emporter, pendant une accalmie, qu'après avoir renseigné exactement sur la situation du coin où il se trouvait.

*Didier, adjudant chef,* 10e *Cie* : Vieux soldat. Le cou traversé par une balle, n'est parti, après avoir passé son commandement, que l'attaque de 15 heures terminée (Côte 101).

*Lafond, sous-lieutenant, C. M.*[3] *:* L'œil crevé a continué à diriger le repli de ses pièces et n'est parti que lorsqu'elles furent en place.

*Pontbriand, sous-lieutenant,* 11e *Cie :* A tenu ses hommes jusqu'au dernier à Muizon, puis a ramassé un fusil et s'est fait tuer avec *le capitaine de Morière.*

*Labartète, agent de liaison* 11e *Cie :* Le dernier partout. Envoyé en mission spéciale ne nécessitant pas son retour, est revenu sous le feu à 21 h. 30, donner des renseignements utiles sur les projets de l'ennemi.

*Perrin, caporal téléphoniste :* A ravitaillé les mitrailleuses sous le feu avec un dévouement inlassable. Tué en mettant des blessés à l'abri pendant le moment de répit que lui laissait le ravitaillement.

*X..., dit Perroquet, caporal clairon :* A ravitaillé, puis fait le coup de feu, galvanisant tout un groupe d'hommes par son exemple, à genoux sur le parapet, démolissant de sang-froid tout un groupe ennemi qui progressait en rampant jusqu'à moins de 20 mètres.

Est revenu à l'arrière sans même avoir jeté son clairon percé de trois balles.

(Ivrogne invétéré, mais un brave).

Et tant, et tant que je n'ai pas vus et qui ne se sont point marchandés. Sans parler du lieutenant Baleyrat et de l'adjudant-major de Rostang.

L'un, à ses pièces, calme, imperturbable, faisant face à droite et à gauche avec la même pièce, en terrain découvert, boueux, couvert de sang.

L'autre, assis sur un tas de pierres, sans broncher, pour pouvoir suivre l'attaque sans en rien perdre et donner des ordres sans risquer de négliger le moindre détail.

La troupe a le calme du chef, et pour la première fois j'ai senti avec acuité cette page des règlements :

« La troupe est le reflet du chef. La belle

tenue de la troupe au feu est la meilleure récompense du chef.

« Dans les mauvais jours, quand le découragement apparaît, les officiers et sous-officiers font bloc pour le repousser : ils rappellent que *quoi qu'il arrive, on ne doit jamais désespérer*, qu'il n'y a aucune bonne raison pour que l'ennemi ne soit pas au moins aussi décimé et déprimé qu'on peut l'être, qu'à la guerre la fortune a des retours stupéfiants *au service de ceux qui n'abandonnent pas*, et que la victoire appartient à celui qui sait souffrir un quart d'heure de plus que l'autre. »

Cela, nous n'eûmes point à le rappeler.

Puis encore, il est à remarquer que le véritable homme de guerre est l'homme de vingt-cinq à trente-cinq ans, même jusqu'à quarante ans, s'il a continué à se tenir en forme.

C'est avec des troupes de cet âge que Napoléon a tenu l'Europe, ce fut le noyau des troupes de 1800 à 1810.

Avant vingt-cinq ans, l'homme n'est pas fait, il passe aussi rapidement à l'exagération fébrile qu'il tombe à la dépression fébrile. Les muscles ne correspondent pas au degré émotif, les sensations sont trop violentes et par trop discordantes.

Les pertes inutiles sont proportionnellement plus grandes chez les jeunes, car on ne les tient jamais parfaitement en main par suite des degrés émotifs divers à espaces trop rapprochés. D'autre part, leur valeur morale n'est jamais en concordance avec leur valeur physique. Il est vrai que la guerre mûrit vite, mais c'est de la serre chaude.

Certainement le retour dans l'active de territoriaux de trente-cinq à trente-huit ans est bon. C'est du calme qui vient et une certaine égalité d'humeur dans l'enthousiasme et la dépression. *In medio veritas.*

## A LA DIVISION

### « Pourquoi les allemands n'ont pas attaqué Reims ? »

Le général von Ardenne, commentant dans le *Berliner Tageblatt* la position de Reims, écrit :

« La ville de Reims est imprenable par une attaque frontale. »

Relevant que beaucoup de personnes en Allemagne ne comprennent pas pourquoi les Allemands n'ont pas occupé Reims, Ardenne en donne la raison suivante :

« Reims est tenu par des troupes bien abritées de l'artillerie allemande et des gaz dans des caves profondes.

« Si une attaque était tentée, les régiments coloniaux français pourraient sortir de leurs défenses pour résister à cette attaque, sans avoir préalablement souffert. Il s'ensuit que le combat serait extrêmement sanglant. Le commandement allemand économise toujours le sang précieux de ses soldats. »

Les raisins sont trop verts.

La première partie du raisonnement est vraie. La seconde aussi, il n'y a qu'un malheur pour la réalité, c'est que le coup fut tenté et, naturellement, manqué. « Le sang précieux » coula, et bien.

Ce qui se passa à la 2e D. I. C., à droite de la Pompelle, je pourrais le savoir, mais je ne connais pas le terrain.

Ce qui se passa à la 3e D. I. C., à la Pompelle, et à gauche, je le sais, par des témoins connus, et je connais le terrain depuis la Pompelle à la Butte de Tir, pour avoir tenu le secteur.

Je fus à la Pompelle en février, j'y étais lorsque nous fûmes remplacés par le 21e qui eut à subir l'attaque quelques jours après.

La Croix de la Pompelle et l'Allée Noire ne me sont point étrangères ; au courant de février je fus de liaison avec le 1er bataillon lorsque nous tenions le secteur en largeur. Le Saillant, je le connus en mars, et le front du C. R., de la Butte de Tir et du C. R., des Vosges en mars, avril, mai.

Je vois encore cette Pompelle que nous jugions en février la clef de Reims. On y a des vues splendides sur tout le versant du massif de Berru-Nogent l'Abbesse ; on y plonge dans Reims et on découvre de là tout le marais de la Vesle et les pentes jusqu'à Montferrat. Pas un mouvement ne peut se produire dans le secteur sans qu'on ne puisse le voir.

D'ailleurs on y avait bâti un fort, et pas pour rien. La position y est formidable. Cela perdu, la droite de Reims était perdue et nous devions nous replier sur une ligne sud de Cormontreuil, Montferrat, Trois-Puits et Puisieux, que nous avions installée de toutes pièces en janvier.

Les 28, 29, 30 et 31 mai, le bombardement fut intensif sur tout le front de la 3e D. I. C., et sur celui de la 2e D. I. C., vers les monts.

Le 1er juin au matin, le Boche déclancha une attaque violente sur tout le front. La Pompelle fut emportée, reprise le soir par le 21e. Le 23e reprit ce qu'il avait perdu de la Jouissance. Dans le secteur du 7e le Boche arriva à la Butte de Tir et à l'ouvrage des Vosges, il s'empara de la Housse et en fut réexpulsé le soir même.

L'attaque échoua piteusement malgré les effectifs, plusieurs centaines de prisonniers restèrent entre nos mains. Des tas de mitraillettes et de mitrailleuses, huit tanks éventrés dans les lignes témoignaient, outre les cadavres, de l'inutilité des efforts ainsi qu'après coup Ardenne en jugeait.

Un immense tunnel qui allait de la Pompelle à la tranchée Mlawa fut emporté. Les Boches affluaient dedans pour en saisir la sortie. Héroïque, un sergent du génie s'y fit sauter, ensevelissant avec lui tous ceux qui y avaient pénétré. Il me fut encore raconté bien d'autres histoires épiques, mais je n'en connaissais pas les témoins. Celle-ci me fut contée par le sergent Pelletier, du 21e, témoin oculaire, puisqu'à la contre-attaque qui libéra le fort il fut chargé d'occuper l'entrée du tunnel qu'il fit dégager pendant la nuit. Le fait me fut confirmé par le sergent Métais, du même régiment.

Une section réduite à 12 hommes, sergent

Chabraz réoccupa les ouvrages 1 et 2, y faisant 40 prisonniers dont 3 officiers.

Au 23e les mitrailleuses boches prises intactes furent retournées au Saillant de la Jouissance et fauchèrent jusqu'à la Croix de la Pompelle.

Au 7e plus de 150 prisonniers valides furent ramassés dans les abris de la tranchée Braconnier, des boyaux de Linarès et de la tranchée Dodds.

Bref, l'échec fut complet et piteux.

Nos bataillons restés à la Division, cependant, eurent moins à souffrir que ceux passés au régiment Jacobi, car ils se battaient sur un terrain qu'ils connaissaient et dans une situation qu'ils s'étaient créée. Tandis que nous, sans moyens, sans artillerie surtout, nous héritions du plus beau pétrin qu'on pût imaginer.

Une des choses qui rendirent prudents les Boches sur la gauche de Reims, c'est qu'ils eurent affaire à six bataillons retirés du 1er C. A. C. et qu'ils crurent que notre Corps d'Armée avait été retiré de la droite de Reims pour rétablir la situation. Ils foncèrent énergiquement, à leur habitude, mais avec beaucoup de précautions, se figurant que nous étions tout le C. A., et se demandant probablement où nous voulions en venir.

Ensuite, devant notre résistance, comprenant que malgré notre force supposée, ils étaient encore supérieurs en nombre, ils foncèrent franchement à la côte 101 où ils se firent démolir royalement par quelques poignées d'hommes qui n'avaient d'autre ressource que celle-là pour s'en tirer.

Déconcertés, ils durent hésiter un moment à nous talonner après la rupture de combat du 30 au soir, se demandant certainement ce que signifiait cet évanouissement subit après la résistance acharnée qu'ils avaient éprouvée.

Ce sont de bons militaires, et pour avoir commis une faute pareille, qui permit l'entrée en ligne des renforts au cours de la nuit sans qu'ils fussent inquiétés, ils devaient ne savoir que penser ou craindre un traquenard.

Les attaques françaises violentes du 31 à

Thillois, Gueux, 101 et abords de Courcy confirmèrent certainement l'ennemi dans cette idée du déplacement du 1er C. A. C., renforcé de troupes d'Afrique.

Cela dut déterminer les Allemands à attaquer à fond le 1er juin sur la gauche de Reims, où ils se figuraient trouver de nouvelles troupes ne connaissant pas le secteur. Ils furent détrompés, et rudement.

Et toujours, involontairement, je repense à cet officier boche de Compensée, qui subitement vit plus clair que ses chefs, s'obstinant à répéter amèrement sans qu'on pût rien en tirer d'autre. « Vous, les Français, vous êtes des malins ».

Quand Ardenne écrivait : « Il s'ensuit que le combat serait extrêmement sanglant », il savait déjà qu'il en avait été ainsi. Et pourtant, dans nos trous de Trigny, Compensée, 44, côte 101, nous n'étions pas dans les caves de Reims, pas plus que les autres dans leurs tranchées de la Butte de Tir, des Vosges, de la Jouissance et de Châlons.

Les raisins sont trop verts et le champagne de 1914 bien loin. 20 juin. Nouvelle attaque frontale depuis Vrigny à l'est de la Pompelle, par trois divisions de choc !

La fameuse attaque frontale que ne devait point faire l'armée allemande s'est renouvelée, encore une fois pour rien, dans le sang, et encore une fois l'Allemagne n'en a rien su.

# EN RASE CAMPAGNE

## DE L'INFANTERIE ET DE L'ARTILLERIE DANS LA DÉFENSIVE

I. — La crainte des pertes est immorale, elle détruit toute solidarité.

Pour sauver quelques vies immédiatement, plusieurs sont sacrifiées à échéance. On sait d'où l'on part, on ne sait où l'on s'arrêtera, car le moral disparaît chez un homme qui rompt.

En outre, l'esprit offensif de l'ennemi augmente du fait qu'on le laisse avancer sans entraves sanglantes et que ses moyens offensifs le soutiennent rapidement sans entraves matérielles.

Tandis que si ces vies sont sacrifiées en temps voulu, délibérément, elles permettent l'augmentation des moyens défensifs.

Un homme qui sauve lâchement sa vie en sacrifie plusieurs par la suite, car il n'a pas donné à autrui le temps de préparer des moyens de sauvegarde ; il en sacrifie plusieurs sur le simple espoir de se sauver et pour rester enfin sans appui.

La peur de la mort est immorale, car elle détruit la solidarité, toute force morale, par suite toute force matérielle et toute chance d'éviter cette mort.

Une troupe qui se replie par crainte n'aura jamais d'artillerie pour la soutenir. Dès que la crainte s'empare d'elle, elle diminue ses moyens défensifs ultérieurs en ne laissant pas à son artillerie le temps de reprendre position au moment voulu.

L'infanterie est toujours la reine des batailles. Les autres armes ne sont pour elle que des auxiliaires. Elles appuient, aident, soulagent, réduisent la tâche quelquefois presque à rien, mais ne peuvent l'achever.

Un fantassin qui ne fait pas son devoir ne peut demander à des incomplets de suppléer à sa fonction qui est de tenir d'abord, puis d'être appuyé.

C'est un homme qui combat à découvert, si nécessaire, et qui couvre ceux qui l'appuient. Dès qu'il ne couvre plus, la crainte s'empare de ceux qui combattent à couvert, et ne peuvent combattre qu'à couvert.

Autrement, leur sécurité n'existe plus et dès lors leur présence d'esprit n'est plus intacte. Il se produit alors de ces fâcheuses erreurs d'appréciation dont l'infanterie est toujours victime. Un homme qui a perdu la tête ne sait plus compter ; or, dès qu'un artilleur sent devant lui une infanterie démoralisée, la confiance l'abandonne.

La valeur d'un artilleur est fonction de la valeur du fantassin.

II. — L'artilleur peut perdre la tête de lui-même et oublier que sa sécurité est en raison directe de celle qu'il assure à l'infanterie.

III. — L'artilleur peut comme le fantassin ne plus avoir de moyens matériels, ou pour des raisons tactiques être obligé d'abandonner momentanément pour la reprise ultérieure du combat.

IV. — On oublie quelquefois qu'on n'est pas seulement solidaire de ceux qui se trouvent dans votre axe, mais aussi de ceux qui se trouvent à droite et à gauche, et que cette solidarité peut amener à des déplacements qui parfois semblent des abandons.

V. — Dans sa vie militaire, on a toujours eu envie, à un moment donné, de flanquer un coup de fusil à un artilleur.

## ABRÉVIATIONS

B. T. S. — Bataillon de Tirailleurs Sénégalais.
C. A. — Corps d'armée.
1er C. A. C. — 1er corps d'armée colonial.
D. I. C. — Division d'infanterie coloniale.
I. D. — Infanterie divisionnaire.
M. — Compagnie de mitrailleuses.
P. C. — Poste de commandement.
P. C. B. — Poste de commandement du bataillon.
S. S. — Sous-secteur.
T. C. — Train de combat.

MAYENNE, IMPRIMERIE FLOCH. — 11-1925.

www.ingramcontent.com/pod-product-compliance
Ingram Content Group UK Ltd.
Pitfield, Milton Keynes, MK11 3LW, UK
UKHW020235220726
13923UKWH00002B/659